EL LIBRO DE LOS NUMEROS

MARCELO CIPIS

EL LIBRO DE LOS NUMEROS

Ilustraciones: Marcelo Cipis

São Paulo
2006

2 ÁRBOLES

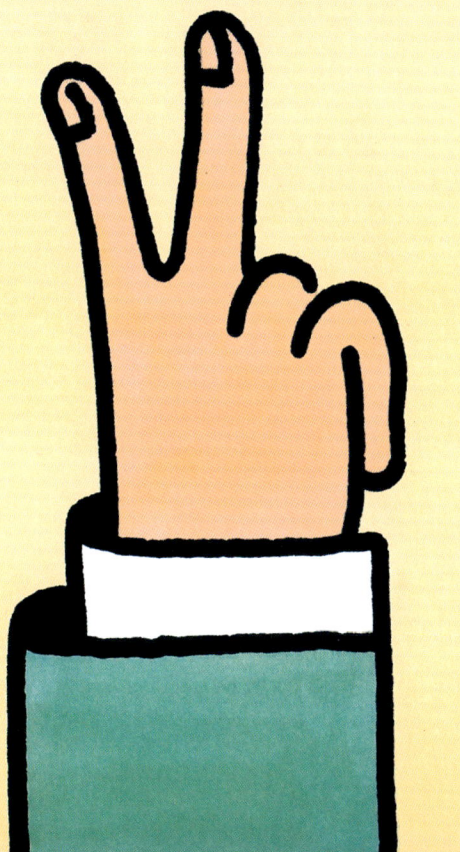

3 HUEVOS

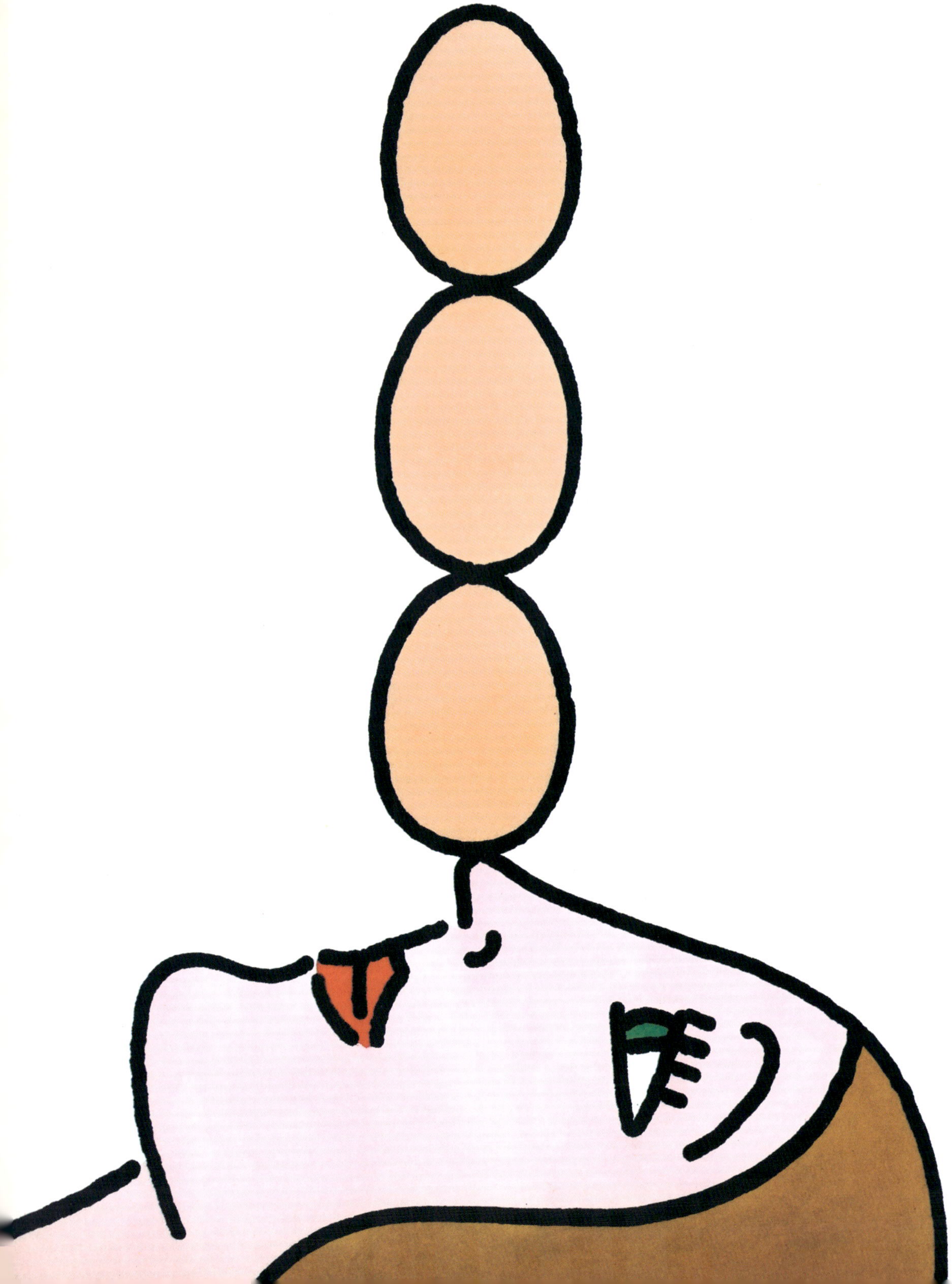

3

4

6 AGUJEROS

6

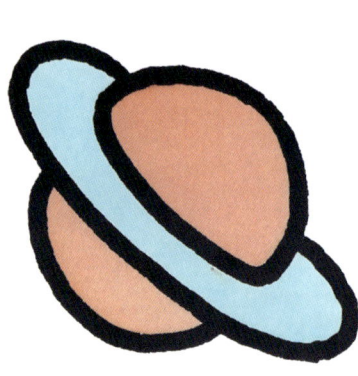

7 PLANETAS

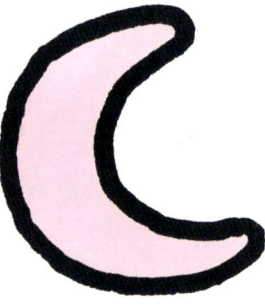

7

8 MANZANAS

8

9

10 VELITAS

10

Archivo Personal

MARCELO CIPIS nació en São Paulo en 1959. Trabaja con ilustraciones desde 1977 y terminó sus estudios de arquitectura en la FAU/USP en 1982.
Era uma vez um livro, editado por la Companhia das Letrinhas, *Barulho, barulhinho, barulhão*, por Cosac & Naify, *530g de ilustrações* por el Atelier Editorial y *Poesinhas* por la Global Editora son algunos de sus libros publicados.
Actúa también en el área de pintura y artes plásticas, ha participado de la 21ª Bienal Internacional de São Paulo, entre otras exposiciones colectivas e individuales. Ganó premios como el de adquisición en el 4º Salão Paulista de Arte Contemporânea en 1986, y el de Abril de Periodismo de 1987, 1993 y 1994, entre otros.

marcelocipis@uol.com.br